Maîtriser Scrum

Guide complet pour des projets réussis

Laurent Baudrin

SOMMAIRE

Clause de non-responsabilité

d'imperfections, d'erreurs, d'omissions, ou de l'inexactitude du contenu proposé dans ce livre.

Aucune utilisation des informations présentes dans ce livre, de quelque manière que ce soit, ne saurait ouvrir droit à un quelconque dédommagement ou compensation quel qu'en soit sa nature.

L'auteur de ce livre ne saurait en aucun cas être tenu responsable, d'aucune manière, de tout dommage ou préjudice, de quelque nature que ce soit, direct ou indirect, lié ou non à la négligence, pouvant entre autres, découler de l'utilisation de quelque manière que ce soit des informations contenues dans ce livre, et ce, que l'auteur soit ou non avisé de la possibilité de tels dommages.

Le lecteur demeure, en toutes circonstances, le seul et l'unique responsable de l'utilisation et de l'interprétation des informations figurant dans le présent livre et des conséquences qui pourraient en découler.

Toute utilisation du contenu de ce livre de quelque manière que ce soit s'effectue aux risques et périls du lecteur uniquement et n'engage, en aucun cas, aucune responsabilité d'aucune sorte de l'auteur de ce livre.

Si le lecteur ne comprend pas un mot ou une phrase de la présente Clause de non-responsabilité, ou qu'il n'en accepte pas en partie ou pleinement les termes, il doit obligatoirement renoncer à toute utilisation de ce livre et s'engage à le supprimer ou le détruire sans délai.

INTRODUCTION

Dans le paysage commercial actuel, en évolution rapide et en constante évolution, la capacité à s'adapter et à réagir au changement est primordiale. Les organisations du monde entier se tournent de plus en plus vers les méthodologies Agile pour accroître leur flexibilité et améliorer les résultats de leurs projets. Parmi ces méthodologies, Scrum se distingue comme un cadre robuste, simple et efficace pour gérer des projets complexes et fournir des produits de haute qualité.

Ce livre est conçu pour être une ressource indispensable pour toute personne impliquée dans le monde de Scrum, des novices aux praticiens chevronnés. Que vous soyez un Product Owner cherchant à maximiser la valeur de votre produit, un Scrum Master dédié à la promotion d'un environnement productif et collaboratif, ou un membre d'une équipe de développement soucieux de fournir des incréments exceptionnels, ce livre fournit les connaissances et les outils dont vous avez besoin pour exceller.

Chapitre 1 : Le framework Scrum

a. Rôles et responsabilités Scrum

Scrum, en tant que cadre, délimite des rôles distincts avec des responsabilités spécifiques pour garantir une collaboration efficace et la livraison réussie des produits. Au cœur de Scrum se trouvent les trois rôles : le Product Owner, le Scrum Master et l'équipe de développement. Chaque rôle est conçu pour aborder différents aspects du projet, garantissant que l'équipe reste concentrée, efficace et alignée sur les objectifs du projet.

Le Product Owner est la figure centrale dans la représentation des intérêts de l'entreprise ou du client. Ils sont responsables de maximiser la valeur du produit résultant du travail de l'équipe de développement. Ce rôle implique de définir le backlog produit, de hiérarchiser les éléments en fonction de leur importance et de leur valeur et de s'assurer que l'équipe comprend clairement les exigences. Par exemple, dans un projet de développement logiciel, le Product Owner peut prioriser les fonctionnalités en fonction de la demande du marché et des commentaires des clients, en veillant à ce que les fonctionnalités les plus critiques soient développées en premier. Leur interaction constante avec les parties prenantes garantit que le projet reste aligné sur les objectifs commerciaux et les besoins des clients.

Le Scrum Master, quant à lui, agit en tant que facilitateur et leader serviteur, garantissant que le cadre Scrum est correctement compris et mis en œuvre. Ils aident l'équipe à adhérer aux pratiques et principes Scrum, en supprimant tous les obstacles qui pourraient entraver la progression. Par exemple, si l'équipe de développement rencontre un problème technique qui retarde son travail, le Scrum Master intervient pour trouver une solution, qu'il s'agisse de se coordonner avec d'autres départements ou d'acquérir les ressources nécessaires. Le Scrum Master favorise également un environnement collaboratif, encourageant l'amélioration continue grâce à des rétrospectives de sprint régulières et d'autres mécanismes de rétroaction.

L'équipe de développement comprend des professionnels qui travaillent ensemble pour fournir un incrément potentiellement publiable du produit à la fin de chaque sprint. Contrairement aux équipes traditionnelles, l'équipe de développement de Scrum est auto-organisée et interfonctionnelle, ce qui signifie qu'elle décide collectivement de la manière d'accomplir son travail et possède toutes les compétences nécessaires pour le faire. Cette structure permet à l'équipe d'être flexible et adaptative, lui permettant de réagir rapidement aux changements. Par exemple, dans un projet de développement de jeu, l'équipe peut comprendre des programmeurs, des concepteurs et des testeurs qui travaillent en collaboration pour développer et affiner les fonctionnalités du jeu de manière itérative.

Un aspect essentiel de ces rôles est l'accent mis sur la collaboration et la communication. Le Product Owner, le Scrum Master et l'équipe de développement doivent travailler en étroite collaboration, une communication constante étant la clé du succès du processus Scrum. Les Daily Scrums facilitent cette communication, en fournissant une plate-forme permettant aux membres de l'équipe de partager des mises à jour, de discuter des progrès et de surmonter les obstacles. Cette interaction régulière garantit que tout le monde reste sur la même longueur d'onde et que les problèmes sont rapidement identifiés et résolus.

b. Artefacts Scrum

Les artefacts Scrum sont des composants essentiels du cadre Scrum, conçus pour assurer la transparence, l'inspection et l'adaptation. Ces artefacts incluent le Product Backlog, le Sprint Backlog et l'Incrément. Chaque artefact répond à un objectif spécifique et offre à l'équipe un moyen transparent de gérer son travail et sa progression vers les objectifs du projet.

Le Product Backlog est une liste dynamique de tout le travail qui doit être effectué sur le projet. C'est la source unique d'exigences pour toute modification à apporter au produit. Géré par le Product Owner, le Product Backlog est constamment affiné et hiérarchisé pour garantir qu'il reflète la compréhension la plus à jour des besoins des clients et des exigences du projet. Par exemple, dans un projet de développement de site Web de commerce électronique, le Product Backlog peut inclure des user stories telles que « En tant qu'utilisateur, je souhaite rechercher des produits par catégorie » et « En tant qu'administrateur, je souhaite gérer les niveaux de stock ». Ces éléments sont détaillés et hiérarchisés en fonction de leur valeur et de leur urgence, garantissant que les tâches les plus critiques sont traitées en premier.

Le Sprint Backlog est un sous-ensemble des éléments du Product Backlog sélectionnés pour un Sprint spécifique, ainsi qu'un plan pour fournir l'incrément et atteindre l'objectif du Sprint. L'équipe de développement est responsable de la création et de la gestion du Sprint Backlog pendant la planification du Sprint. Cet artefact fournit un plan ciblé à l'équipe, détaillant ce qui sera accompli pendant le sprint. Par exemple, si l'objectif du Sprint est de mettre en œuvre une nouvelle passerelle de paiement, le Sprint Backlog comprendra toutes les tâches liées à l'intégration et au test de cette fonctionnalité. Le Sprint Backlog est mis à jour quotidiennement pendant le Daily Scrum pour refléter les progrès de l'équipe et s'adapter à toute nouvelle idée ou changement.

L'incrément est la somme de tous les éléments du Product Backlog complétés au cours d'un Sprint, ainsi que la valeur des incréments de tous les Sprints précédents. Il représente une étape concrète vers l'objectif du projet et doit être dans un état utilisable, répondant à la définition du fait. L'incrément fournit une mesure transparente des progrès et est souvent démontré lors de la revue de sprint. Par exemple, si une équipe de développement travaille sur une application mobile, un incrément peut inclure des fonctionnalités nouvellement ajoutées, telles que l'authentification des utilisateurs et la gestion des profils, entièrement testées et prêtes à être déployées.

Scrum souligne également l'importance de la transparence grâce à l'utilisation de ces artefacts. Chaque artefact doit être visible par toutes les parties prenantes, garantissant que chacun ait une compréhension claire de l'état et de l'avancement du projet. Cette transparence est obtenue grâce à des pratiques telles que les sessions de raffinement du backlog et les revues de sprint, où les parties prenantes peuvent inspecter les artefacts et fournir des commentaires. Par exemple, lors d'une revue de sprint, les parties prenantes peuvent examiner l'incrément et discuter de ce qui a été réalisé, offrant des informations et des suggestions susceptibles d'influencer la priorisation du backlog produit.

De plus, les artefacts soutiennent l'inspection et l'adaptation en fournissant une base claire pour évaluer les progrès de l'équipe et identifier les domaines à améliorer. Le Product Backlog permet à l'équipe d'inspecter et de prioriser les éléments de travail en continu, tandis que le Sprint Backlog leur permet de suivre leurs progrès au sein d'un Sprint. L'Incrément offre un résultat tangible qui peut être inspecté pour garantir qu'il répond aux normes de qualité nécessaires. Ce processus itératif d'inspection et d'adaptation est crucial pour maintenir l'agilité et la réactivité au changement. Par exemple, si une nouvelle exigence réglementaire apparaît, le Product Backlog peut être rapidement mis à jour pour refléter les changements nécessaires, garantissant ainsi que le projet reste conforme.

Enfin, les artefacts Scrum sont conçus pour faciliter le contrôle empirique des processus, un principe fondamental de Scrum. L'empirisme repose sur l'idée que la connaissance vient de l'expérience et de la prise de décisions basées sur ce qui est connu. En fournissant des artefacts concrets et transparents, Scrum permet aux équipes de prendre des décisions éclairées, de s'adapter aux nouvelles informations et d'améliorer continuellement leurs processus. Par exemple, en inspectant régulièrement le Sprint Backlog et Increment, une équipe peut identifier les goulots d'étranglement ou les inefficacités dans son flux de travail et mettre en œuvre des changements pour améliorer la productivité et la qualité.

c. Événements Scrum

Les événements Scrum, également appelés cérémonies, font partie intégrante du cadre Scrum, offrant aux équipes des opportunités structurées de collaborer, d'inspecter leurs progrès et d'adapter leurs plans. Ces événements incluent la planification du sprint, le Daily Scrum, la revue du sprint, la rétrospective du sprint et le sprint global lui-même. Chaque événement est limité dans le temps pour favoriser l'efficacité et garantir que les réunions sont ciblées et productives.

La planification du sprint est l'événement qui donne le coup d'envoi du sprint, ouvrant la voie à ce que l'équipe vise à accomplir. Lors de la planification du sprint, le propriétaire du produit présente les éléments du backlog produit les plus prioritaires à l'équipe de développement, qui discute et décide ensuite des éléments qu'elle peut réaliser de manière réaliste au cours du sprint. L'équipe collabore pour créer un objectif de sprint, qui fournit un objectif cohérent qui guide leur travail tout au long du sprint. Par exemple, dans un projet de développement logiciel, un objectif de sprint peut être d'implémenter et de tester une nouvelle fonctionnalité telle qu'un système d'authentification des utilisateurs. Le Sprint Backlog qui en résulte, un plan détaillé des tâches, est ensuite établi pour atteindre cet objectif.

Le Daily Scrum est un bref événement quotidien au cours duquel l'équipe de développement synchronise ses activités et crée un plan pour les prochaines 24 heures. D'une durée généralement de 15 minutes, cet événement a lieu chaque jour à la même heure et au même endroit pour maintenir la cohérence. Au cours du Daily Scrum, chaque membre de l'équipe répond à trois questions clés : Qu'ai-je fait hier pour aider l'équipe à atteindre l'objectif de sprint ? Que vais-je faire aujourd'hui pour aider l'équipe à atteindre l'objectif de sprint ? Est-ce que je vois des obstacles qui m'empêchent, moi ou l'équipe, d'atteindre l'objectif de sprint ? Par exemple, dans un projet marketing, les membres de l'équipe peuvent discuter de l'avancement des supports de campagne et identifier les dépendances ou les bloqueurs à résoudre.

Le Sprint Review a lieu à la fin de chaque Sprint et sert d'occasion pour inspecter l'Incrément et adapter le Product Backlog si nécessaire. Au cours de cet événement, l'équipe de développement démontre le travail effectué pendant le sprint au Product Owner et aux autres parties prenantes. Cette démonstration fournit des preuves tangibles des progrès et facilite les retours des parties prenantes, qui peuvent ensuite être intégrés dans les futurs Sprints. Par exemple, dans un projet de site Web de commerce électronique, l'équipe peut présenter de nouvelles fonctionnalités telles qu'une fonction de recherche de produits ou un processus de paiement amélioré, recueillant ainsi des commentaires précieux pour affiner davantage ces fonctionnalités.

La rétrospective de sprint a lieu après la revue de sprint et avant la planification de sprint suivante. Cet événement se concentre sur les processus et la collaboration de l'équipe, offrant un temps dédié à la réflexion et à l'amélioration continue. L'équipe discute de ce qui s'est bien passé pendant le Sprint, de ce qui ne s'est pas bien passé et de la manière dont elle peut s'améliorer lors du prochain Sprint. Par exemple, dans un projet de développement de produits, l'équipe peut identifier que ses procédures de test étaient insuffisantes et décider de mettre en œuvre des protocoles de test plus rigoureux lors du prochain Sprint. L'objectif est de favoriser une culture d'amélioration continue en apportant de petits changements progressifs pour améliorer la productivité et la qualité.

Le Sprint lui-même est le cœur de Scrum, englobant tous les autres événements et le travail de développement requis pour créer l'Incrément. Un Sprint est une période limitée dans le temps, généralement d'un mois ou moins, pendant laquelle un incrément de produit utilisable et potentiellement publiable est créé. La durée constante des Sprints établit un rythme prévisible pour l'équipe, permettant des cycles d'inspection et d'adaptation réguliers. Par exemple, une équipe de développement travaillant sur une application mobile peut effectuer des sprints selon des cycles de deux semaines, ce qui lui permet de publier fréquemment des mises à jour et de recueillir les commentaires des utilisateurs.

Chaque événement Scrum favorise la transparence et facilite le contrôle empirique des processus, garantissant que les décisions sont basées sur la réalité observée plutôt que sur la spéculation. Cette approche permet aux équipes de répondre efficacement aux changements et d'améliorer continuellement leurs processus. Par exemple, en organisant régulièrement des rétrospectives Sprint, une équipe peut identifier des problèmes récurrents tels que des lacunes de communication ou des contraintes de ressources et mettre en œuvre des stratégies pour y remédier. Grâce à ces événements structurés, Scrum favorise une approche disciplinée mais flexible de la gestion de projet, permettant aux équipes de fournir des produits de haute qualité de manière rapide et efficace.

Chapitre 2 : Les rôles Scrum expliqués

a. Le Product Owner

Le Product Owner joue un rôle crucial dans le cadre Scrum, agissant comme un pont entre les parties prenantes et l'équipe de développement. Cette personne est principalement responsable de la définition et de la priorisation du Product Backlog afin de garantir que le travail le plus précieux soit terminé en premier. Le Product Owner doit avoir une compréhension approfondie du marché, des besoins des clients et des objectifs commerciaux pour hiérarchiser efficacement les éléments de travail. Par exemple, dans un projet de développement logiciel pour une plateforme de vente au détail en ligne, le Product Owner peut donner la priorité à des fonctionnalités telles que la gestion des comptes utilisateurs et le traitement sécurisé des paiements en fonction de l'analyse du marché et des commentaires des utilisateurs.

L'une des principales responsabilités du Product Owner est de créer et de maintenir le Product Backlog. Cela implique d'affiner et de mettre à jour en permanence l'arriéré pour refléter l'évolution des exigences et des priorités. Le Product Backlog est une liste dynamique qui évolue à mesure que de nouvelles informations deviennent disponibles, garantissant que l'équipe de développement travaille toujours sur les tâches les plus importantes. Par exemple, si un concurrent lance une nouvelle fonctionnalité qui améliore considérablement l'expérience utilisateur, le Product Owner peut ajuster le retard pour donner la priorité aux améliorations similaires afin de conserver un avantage concurrentiel.

Une communication efficace est un autre aspect essentiel du rôle du Product Owner. Ils doivent collaborer avec diverses parties prenantes, notamment les clients, les chefs d'entreprise et l'équipe de développement, pour recueillir les exigences, fournir des mises à jour et solliciter des commentaires. Le Product Owner doit traduire ces informations en éléments clairs et exploitables dans le Product Backlog. Par exemple, lors d'une réunion des parties prenantes pour une application de soins de santé, le Product Owner peut rassembler les exigences d'une nouvelle fonctionnalité de planification des patients, puis décomposer ces exigences en user stories et en tâches à mettre en œuvre par l'équipe de développement.

Le Product Owner est également responsable de la définition et de la communication de la vision du produit. Cette vision guide l'équipe de développement et garantit que tous les efforts sont alignés sur les objectifs commerciaux globaux. Une vision produit claire et convaincante aide l'équipe à comprendre les objectifs à long terme et la valeur de son travail. Par exemple, lors du développement d'une nouvelle application mobile pour les services financiers, le Product Owner pourrait articuler une vision axée sur la création d'une expérience transparente et conviviale qui simplifie la gestion des finances personnelles, guidant ainsi les efforts de l'équipe pour atteindre cet objectif.

b. Le Scrum Master

Le Scrum Master joue un rôle central dans le cadre Scrum, agissant en tant que facilitateur et coach pour garantir que le processus Scrum est correctement compris et efficacement mis en œuvre par l'équipe. Cette personne est chargée de promouvoir et de soutenir Scrum en aidant chacun à comprendre la théorie, les pratiques, les règles et les valeurs de Scrum. La compréhension approfondie du Scrum Master des principes Scrum lui permet de guider l'équipe dans l'adhésion au cadre et l'amélioration de ses pratiques agiles. Par exemple, ils peuvent organiser des ateliers ou des sessions de formation pour aider les membres de l'équipe à comprendre les nuances des événements et des artefacts Scrum.

L'une des responsabilités clés du Scrum Master est de faciliter les événements Scrum, en s'assurant qu'ils sont productifs et respectent leur objectif. Cela comprend l'organisation et la modération de la planification de sprint, des mêlées quotidiennes, des revues de sprint et des rétrospectives de sprint. En facilitant ces événements, le Scrum Master veille à ce que les discussions restent ciblées et limitées dans le temps, favorisant ainsi l'efficacité et la collaboration. Par exemple, lors d'une rétrospective de sprint, le Scrum Master peut utiliser diverses techniques de facilitation pour aider l'équipe à réfléchir sur son sprint passé et à identifier des améliorations réalisables pour le futur.

Le Scrum Master joue également un rôle crucial dans la suppression des obstacles qui entravent la progression de l'équipe de développement. Ces obstacles peuvent aller des obstacles techniques aux problèmes organisationnels. Le Scrum Master travaille de manière proactive pour relever ces défis, permettant à l'équipe de rester concentrée sur la fourniture d'incréments de haute qualité. Par exemple, si l'équipe connaît des retards en raison de ressources matérielles insuffisantes, le Scrum Master travaillera avec les départements nécessaires pour se procurer l'équipement requis, permettant ainsi à l'équipe de poursuivre son travail sans interruption.

De plus, le Scrum Master agit en tant que coach et mentor auprès de l'équipe de développement et du Product Owner, favorisant une culture d'amélioration continue et d'auto-organisation. Ils encouragent l'équipe à s'approprier ses processus et ses résultats, les aidant à devenir plus autonomes et efficaces. Par exemple, le

Scrum Master peut coacher le Product Owner sur la gestion efficace du backlog ou aider l'équipe de développement à affiner ses techniques d'estimation lors de la planification du sprint. Ce coaching continu aide l'équipe à développer ses compétences et à adopter les meilleures pratiques au fil du temps.

De plus, le Scrum Master sert de pont entre l'équipe Scrum et l'organisation dans son ensemble, aidant à aligner le travail de l'équipe sur les objectifs organisationnels et facilitant la communication avec les parties prenantes. Ils défendent l'équipe, s'assurant qu'elle dispose du soutien et des ressources nécessaires pour réussir. Par exemple, le Scrum Master peut travailler avec la haute direction pour obtenir du financement pour des programmes de formation ou pour ajuster les politiques organisationnelles qui entravent l'agilité de l'équipe. En favorisant des relations solides avec les parties prenantes, le Scrum Master contribue à créer un environnement propice aux pratiques Scrum.

Le Scrum Master souligne également l'importance du contrôle empirique des processus, qui repose sur la transparence, l'inspection et l'adaptation. Ils veillent à ce que les processus et les artefacts de l'équipe soient transparents, permettant une inspection régulière et une adaptation en temps opporta. Cela peut impliquer d'aider l'équipe à utiliser efficacement les radiateurs d'informations tels que les diagrammes d'avancement ou d'animer des sessions régulières de raffinement du backlog. Par exemple, le Scrum Master peut aider l'équipe à identifier les goulots d'étranglement des processus lors d'une revue de sprint, puis la guider dans l'expérimentation de nouvelles approches pour atténuer ces problèmes lors des sprints ultérieurs.

c. L'équipe de développement

L'équipe de développement dans le cadre Scrum est composée de professionnels qui travaillent en collaboration pour fournir un incrément potentiellement publiable du produit à la fin de chaque sprint. Cette équipe se caractérise par son caractère auto-organisé et transversal, c'est-à-dire que ses membres décident collectivement de la manière d'atteindre leurs objectifs et possèdent toutes les compétences nécessaires pour y parvenir. Par exemple, dans un projet de développement logiciel, l'équipe de développement peut inclure des développeurs de logiciels, des testeurs, des concepteurs et des spécialistes de bases de données qui travaillent ensemble pour accomplir les tâches définies dans le Sprint Backlog.

Une caractéristique clé de l'équipe de développement est son autonomie et sa responsabilité dans la gestion de son propre travail. Contrairement aux équipes traditionnelles qui s'appuient sur les directives d'un chef de projet, l'équipe de développement dans Scrum s'approprie la planification, l'exécution et le suivi de ses activités. Cette autogestion favorise un sentiment d'appropriation et de responsabilité, conduisant à une motivation et une productivité plus élevées. Par exemple, si l'équipe identifie un moyen plus efficace d'implémenter une fonctionnalité lors d'un sprint, elle a la liberté d'adapter son approche sans attendre l'approbation externe, améliorant ainsi son agilité.

L'équipe de développement est également chargée de fournir des incréments de haute qualité qui répondent à la définition du fait, un ensemble de critères garantissant que le produit est dans un état utilisable. Cela nécessite que l'équipe adhère à des normes de qualité rigoureuses et améliore continuellement ses processus de développement. Par exemple, dans un projet de développement d'applications mobiles, la définition de terminé peut inclure des critères tels que la réussite de tous les tests automatisés, la documentation utilisateur complète et la garantie de la compatibilité avec les derniers systèmes d'exploitation. En respectant systématiquement ces normes, l'équipe de développement garantit que chaque incrément ajoute de la valeur et est prêt pour une publication potentielle.

La collaboration et la communication au sein de l'équipe de développement sont essentielles à la réussite du sprint. Les réunions Scrum quotidiennes offrent une plate-forme permettant aux membres de l'équipe de synchroniser leurs efforts, de partager les progrès et de surmonter les obstacles. Cette interaction fréquente contribue à maintenir l'alignement et la transparence, garantissant que chacun est au courant de la situation actuelle et peut contribuer efficacement. Par exemple, lors d'un Daily Scrum, un membre de l'équipe peut mentionner un bloqueur lié à un problème de base de données, incitant un autre membre possédant l'expertise pertinente à proposer son aide, facilitant ainsi une résolution rapide du problème.

La composition et les compétences de l'équipe de développement sont essentielles à sa capacité à fournir un produit complet et fonctionnel. Les équipes sont généralement petites, avec une taille recommandée de trois à neuf membres, ce qui favorise une communication et une collaboration efficaces. La nature interfonctionnelle de l'équipe garantit que toutes les compétences nécessaires sont disponibles au sein de l'équipe, réduisant ainsi la dépendance vis-à-vis des ressources externes. Par exemple, une équipe développant une nouvelle fonctionnalité pour une application Web comprendrait des développeurs front-end, des développeurs back-end et des concepteurs UX, leur permettant de gérer tous les aspects de la mise en œuvre de la fonctionnalité en interne.

Chapitre 3 : Le backlog produit

a. Définir et prioriser les éléments

La définition et la priorisation des éléments du Product Backlog sont des activités critiques dans le cadre Scrum, garantissant que le travail le plus précieux et le plus nécessaire est traité en premier. Ce processus implique une collaboration détaillée entre le Product Owner et les parties prenantes pour capturer toutes les exigences potentielles et les user stories. Le Product Owner doit définir clairement chaque article, en détaillant ses exigences, ses critères d'acceptation et sa valeur estimée. Par exemple, dans une application bancaire mobile, un élément peut être défini comme « En tant qu'utilisateur, je souhaite afficher l'historique de mes transactions », avec des critères d'acceptation spécifiant la plage de transactions affichées, les options de filtrage et les exigences de sécurité.

La priorisation des éléments du backlog est basée sur leur valeur pour l'entreprise, leur urgence et leurs dépendances. Le Product Owner évalue le potentiel de chaque élément à apporter de la valeur aux utilisateurs et à l'organisation. Cela implique souvent de trouver un équilibre entre les besoins immédiats et les objectifs stratégiques. Par exemple, les fonctionnalités qui améliorent l'expérience utilisateur ou répondent aux exigences réglementaires peuvent bénéficier d'une priorité plus élevée. Dans une plateforme de commerce électronique, l'ajout d'une passerelle de paiement sécurisée pourrait être prioritaire en raison de son rôle essentiel dans l'exécution des transactions, tandis qu'une fonctionnalité améliorant l'attrait visuel de l'interface utilisateur pourrait être programmée pour un sprint ultérieur.

Les techniques d'estimation de la valeur, telles que la méthode MoSCoW (Must have, Should have, Could have, Won't have), aident à hiérarchiser les éléments du backlog. Cette méthode catégorise les éléments en fonction de leur nécessité et de leur impact, offrant ainsi une approche structurée de la prise de décision. Par exemple, lors du développement d'une application de santé, des fonctionnalités telles que l'authentification des utilisateurs et le cryptage des données seraient classées comme « indispensables » en raison de leur importance pour la sécurité, tandis que les fonctionnalités de partage social pourraient tomber dans la catégorie « pourraient avoir », indiquant une priorité moindre mais néanmoins souhaitable.

La contribution des parties prenantes est cruciale dans la définition et la priorisation des éléments. Des interactions régulières avec les utilisateurs, les clients et les autres parties prenantes aident le Product Owner à recueillir des informations et à ajuster les priorités pour refléter les besoins et les attentes réels. Cette boucle de rétroaction garantit que le backlog reste pertinent et aligné sur les besoins des utilisateurs. Par exemple, dans un produit SaaS, les commentaires des clients peuvent mettre en évidence la nécessité de fonctionnalités de reporting améliorées, incitant le Product Owner à donner la priorité à ces fonctionnalités plus haut que prévu initialement.

La priorisation des éléments implique également de prendre en compte les dépendances et contraintes techniques. Certains éléments de l'arriéré peuvent dépendre de l'achèvement d'autres, ce qui nécessite un séquençage minutieux pour éviter les goulots d'étranglement et garantir un progrès sans heurts. Par exemple, la mise en œuvre d'une nouvelle architecture de base de données peut être une condition préalable à l'ajout de fonctionnalités avancées d'analyse de données. Le Product Owner, en collaboration avec l'équipe de développement, doit cartographier ces dépendances et ajuster l'ordre du backlog en conséquence, en s'assurant que le travail de base est terminé avant que les fonctionnalités dépendantes ne soient abordées.

La définition et la priorisation des éléments sont un processus continu qui évolue tout au long du cycle de vie du projet. Le Product Owner revisite et affine régulièrement le backlog, en intégrant de nouvelles informations et commentaires, en ajustant les priorités et en redéfinissant les éléments si nécessaire. Cette approche dynamique garantit que l'arriéré reste un document évolutif, constamment mis à jour pour refléter l'évolution des circonstances et des idées. Par exemple, sur un marché en évolution rapide, les nouvelles fonctionnalités des concurrents peuvent nécessiter un changement de priorités, incitant le Product Owner à accélérer le développement de fonctionnalités similaires ou supérieures pour conserver un avantage concurrentiel.

b. Témoignages d'utilisateurs et critères d'acceptation

Les user stories et les critères d'acceptation sont des éléments fondamentaux du développement Agile, en particulier dans le cadre Scrum, fournissant des lignes directrices claires sur ce qui doit être construit et comment cela doit fonctionner. Les user stories servent de descriptions concises d'une fonctionnalité ou d'une exigence du point de vue d'un utilisateur final. Ils suivent généralement un modèle simple : « En tant que [rôle], je veux [agir], afin que [bénéfice] ». Par exemple, dans une application d'achat en ligne, une user story pourrait être : « En tant que client, je souhaite ajouter des articles à mon panier, afin de pouvoir les consulter et les acheter en une seule transaction. » Ce format permet d'articuler succinctement les besoins et les objectifs de l'utilisateur, favorisant ainsi la compréhension et l'alignement au sein de l'équipe.

Des critères d'acceptation accompagnent les user stories et définissent les conditions qui doivent être remplies pour que l'histoire soit considérée comme complète et prête à être publiée. Ces critères sont spécifiques, mesurables et généralement rédigés dans un format « Donné-Quand-Alors » pour garantir la clarté et la testabilité. Par exemple, en reprenant l'exemple de l'application d'achat en ligne, les critères d'acceptation de la user story mentionnée pourraient inclure : "Étant donné que je suis sur la page du produit, lorsque je clique sur "Ajouter au panier", l'article doit apparaître dans mon panier avec la quantité et le prix corrects. Ces critères servent de contrat entre le Product Owner et l'équipe de développement, garantissant une compréhension et un alignement partagés sur ce qui constitue une mise en œuvre réussie.

Les user stories sont délibérément réduites et gérables pour faciliter le développement itératif et la fourniture progressive de valeur. Cette approche permet aux équipes de hiérarchiser et de fournir des fonctionnalités par tranches gérables, fournissant ainsi un feedback précoce et continu des parties prenantes. Par exemple, dans un projet de développement logiciel pour une plateforme de médias sociaux, les user stories peuvent se concentrer sur des fonctionnalités spécifiques telles que la création de profils utilisateur, le téléchargement de photos ou la personnalisation du fil d'actualité, chacune contribuant progressivement au produit global.

La nature collaborative de la création de user stories implique le Product Owner, qui représente les intérêts des parties prenantes, et l'équipe de développement, qui assure la faisabilité technique et la mise en œuvre. Cette collaboration garantit que les user stories sont à la fois réalisables et utiles, alignées sur les objectifs du projet et les attentes des utilisateurs. Par exemple, lors des sessions d'affinement du backlog, le Product Owner peut discuter de nouvelles idées de fonctionnalités avec l'équipe de développement, qui fournit ensuite un aperçu des défis de mise en œuvre et des solutions potentielles, affinant les témoignages d'utilisateurs en conséquence.

Les critères d'acceptation jouent un rôle crucial dans l'orientation des efforts de développement et de test tout au long du Sprint. Ils fournissent une référence claire par rapport à laquelle l'équipe de développement peut valider son travail et garantir que le produit répond aux attentes des utilisateurs. En adhérant aux critères d'acceptation, les équipes réduisent l'ambiguïté et améliorent la qualité et la cohérence de leurs livrables. Par exemple, dans un projet de développement d'application mobile, les critères d'acceptation peuvent inclure des références de performances, des exigences de sécurité et des normes d'utilisabilité qui doivent être respectées avant que la fonctionnalité ne soit considérée comme complète et prête à être publiée.

Enfin, les témoignages d'utilisateurs et les critères d'acceptation favorisent une approche de développement de produits centrée sur le client, garantissant que les fonctionnalités sont alignées sur les besoins des utilisateurs et offrent une valeur tangible. L'affinement et la priorisation réguliers des user stories en fonction des commentaires des clients et des demandes du marché aident les équipes à rester réactives face à l'évolution des exigences et à rester concentrées sur la fourniture de la plus grande valeur commerciale. Cette approche itérative favorise l'amélioration et l'innovation continues, permettant aux équipes de s'adapter rapidement aux changements du marché et de proposer des produits qui ravissent les utilisateurs. Par exemple, dans une application de jeu, les user stories peuvent évoluer en fonction des commentaires des joueurs, avec des critères d'acceptation ajustés pour améliorer l'expérience de jeu, optimiser les performances et introduire de nouvelles fonctionnalités qui s'alignent sur l'évolution des préférences des joueurs et des tendances du secteur.

Chapitre 4 : Planification du sprint

a. Fixer des objectifs de sprint

Définir des objectifs de sprint est un aspect crucial du cadre Scrum, fournissant une orientation et une orientation à l'équipe de développement tout au long du cycle de sprint. Un objectif de sprint énonce l'objectif ou le but que l'équipe vise à atteindre d'ici la fin du sprint, en alignant les efforts de l'équipe sur les objectifs plus larges du projet et de l'organisation. Cet objectif sert de principe directeur qui permet de prioriser le travail et facilite la prise de décision pendant le Sprint.

Le processus de définition des objectifs de sprint commence lors de la planification du sprint, où le Product Owner collabore avec l'équipe de développement pour sélectionner et hiérarchiser les éléments du Product Backlog.

L'équipe discute des résultats souhaités et identifie les principaux livrables qui constitueraient un sprint réussi. Par exemple, dans un projet de développement logiciel pour un système de gestion de la relation client (CRM), un objectif de sprint pourrait être de mettre en œuvre une nouvelle fonctionnalité permettant aux utilisateurs de suivre les interactions des clients et de générer des rapports basés sur les données des clients.

Un objectif de sprint bien défini est spécifique et mesurable, fournissant des critères de réussite clairs. Cela aide l'équipe à comprendre le résultat attendu de son travail et favorise une compréhension partagée entre toutes les parties prenantes. Cette clarté réduit l'ambiguïté et garantit que tout le monde est aligné sur le résultat souhaité du Sprint. Par exemple, dans un Sprint de développement d'une plateforme de commerce électronique, l'objectif pourrait être d'améliorer l'efficacité du processus de paiement en réduisant le temps moyen de transaction de 20 %, ce qui peut être mesuré et validé par rapport à des mesures de performance spécifiques.

L'objectif de sprint encourage également la collaboration et l'engagement au sein de l'équipe de développement. En se mettant d'accord collectivement sur l'objectif de sprint, les membres de l'équipe ressentent un sentiment d'appartenance et de responsabilité pour l'atteindre. Cela favorise un environnement collaboratif où les membres de l'équipe se soutiennent mutuellement et travaillent vers un objectif comma. Par exemple, lors des Daily Scrums, les membres de l'équipe peuvent aligner leurs tâches et activités quotidiennes sur l'objectif de sprint, garantissant ainsi que les efforts de chacun contribuent à atteindre le résultat souhaité.

De plus, la définition d'objectifs de sprint favorise l'adaptabilité et la réactivité au changement. À mesure que de nouvelles informations émergent ou que les priorités changent, l'objectif de sprint fournit un cadre pour évaluer et ajuster l'orientation et les priorités de l'équipe. Cette flexibilité permet à l'équipe de capitaliser sur les opportunités émergentes ou de relever des défis inattendus sans perdre de vue l'objectif global du Sprint. Par exemple, si une étude de marché révèle une nouvelle demande client pendant le sprint, l'équipe peut ajuster son objectif de sprint pour incorporer des fonctionnalités qui répondent à cette demande, garantissant ainsi qu'elles offrent une valeur maximale aux utilisateurs et aux parties prenantes.

L'objectif de sprint sert également d'outil de motivation pour l'équipe de développement. En fournissant un objectif et une orientation clairs, il améliore le moral et l'engagement de l'équipe. Atteindre les objectifs de sprint renforce le sentiment d'accomplissement et encourage l'amélioration continue. Par exemple, célébrer la réussite d'un objectif de sprint lors des revues de sprint peut renforcer le moral et la motivation de l'équipe, donnant ainsi un ton positif pour les futurs sprints.

Enfin, les objectifs de sprint facilitent la transparence et la responsabilité dans le cadre Scrum. Ils fournissent aux parties prenantes une compréhension claire de ce que l'équipe entend réaliser et leur permettent de suivre les progrès et de fournir des commentaires en conséquence. Cette transparence renforce la confiance entre les parties prenantes, favorisant une relation de collaboration où les parties prenantes participent activement au processus de Sprint. Par exemple, lors des revues de sprint, les parties prenantes peuvent évaluer si l'objectif du sprint a été atteint et fournir des commentaires sur les priorités futures en fonction des résultats obtenus.

b. Créer le backlog de sprint

L'élaboration du backlog de sprint est une activité cruciale dans le cadre Scrum, car elle traduit l'objectif du sprint en tâches réalisables que l'équipe de développement exécutera pendant le sprint. Le Sprint Backlog est un plan dynamique qui évolue tout au long du Sprint à mesure que l'équipe gagne en clarté et apporte des ajustements en fonction des idées et des priorités émergentes. Ce backlog est détenu et géré par l'équipe de développement, mettant l'accent sur son autonomie et sa responsabilité dans la réalisation des objectifs du Sprint. Par exemple, dans un projet de développement logiciel visant à améliorer un portail client, le Sprint Backlog peut inclure des tâches telles que la conception de l'interface utilisateur, la mise en œuvre de fonctionnalités backend et la réalisation de tests d'intégration.

Le processus de création du Sprint Backlog commence lors de la planification du Sprint, où l'équipe de développement collabore pour sélectionner les éléments du Product Backlog qui contribuent à atteindre l'objectif du Sprint. Ces éléments sont ensuite décomposés en tâches plus petites et gérables qui peuvent être réalisées dans les délais du Sprint. L'équipe de développement détermine la manière dont elle abordera chaque tâche, en tenant compte des dépendances, des compétences requises et des risques potentiels. Par exemple, si un objectif de sprint consiste à améliorer les performances du système, les tâches du backlog de sprint peuvent inclure l'optimisation des requêtes de base de données, la refactorisation du code pour plus d'efficacité et la réalisation de tests de performances pour valider les améliorations.

Chaque tâche du Sprint Backlog est généralement estimée en termes d'effort ou de temps requis pour son achèvement. Cette estimation aide l'équipe de développement à planifier son travail et à allouer efficacement les ressources. Des techniques telles que les story points ou les heures sont couramment utilisées pour estimer les tâches, fournissant une mesure relative de la complexité et de l'effort. Par exemple, une tâche de mise en œuvre d'une nouvelle fonctionnalité peut être estimée à 5 points d'histoire, ce qui indique qu'elle est plus complexe et plus longue qu'une tâche estimée à 2 points d'histoire, comme la correction d'un bug mineur.

Le Sprint Backlog sert également d'outil pour suivre les progrès et gérer le travail pendant le Sprint. Il offre une visibilité sur les engagements de l'équipe et permet de suivre la progression des tâches vers leur achèvement. Les Daily Scrums jouent un rôle crucial à cet égard, car les membres de l'équipe discutent de leurs progrès, identifient les obstacles et ajustent leur plan si nécessaire pour rester sur la bonne voie. Par exemple, si une tâche du Sprint Backlog prend plus de temps que prévu, l'équipe de développement peut collaborer pour réévaluer son approche ou allouer des ressources supplémentaires pour garantir son achèvement dans les délais.

De plus, le Sprint Backlog favorise la transparence et la collaboration au sein de l'équipe Scrum. Il permet aux parties prenantes, y compris le Product Owner et les autres parties intéressées, de comprendre quel travail est entrepris pendant le Sprint et comment il s'aligne avec la réalisation de l'objectif du Sprint. Cette transparence facilite des discussions significatives lors des revues de sprint et permet aux parties prenantes de fournir des commentaires en temps opportun sur les progrès de l'équipe. Par exemple, les parties prenantes peuvent assister aux revues de sprint pour voir les tâches terminées dans l'incrément et offrir des informations qui pourraient influencer la priorisation future du backlog de sprint.

c. Estimation et répartition des tâches

L'estimation et la répartition des tâches sont des pratiques essentielles dans le cadre Scrum qui permettent à l'équipe de développement de planifier et d'exécuter efficacement le travail pendant les sprints. L'estimation implique d'attribuer une mesure d'effort ou de temps aux tâches, tandis que la répartition des tâches implique de décomposer des éléments plus volumineux en tâches plus petites et gérables qui peuvent être accomplies dans le délai du Sprint. Ces activités sont cruciales pour créer un plan d'action clair et faciliter une communication transparente au sein de l'équipe et avec les parties prenantes. Par exemple, dans un projet de développement logiciel, l'estimation et la répartition des tâches peuvent impliquer de décomposer une user story telle que « mettre en œuvre la fonctionnalité de connexion utilisateur » en tâches telles que la conception de schémas de base de données, le développement front-end, l'intégration back-end et les tests.

Les techniques d'estimation couramment utilisées dans Scrum incluent le dimensionnement relatif (par exemple, les points d'histoire) et l'estimation basée sur le temps (par exemple, les heures). Les story points sont une mesure relative de la complexité et de l'effort, plutôt qu'une mesure absolue du temps. Cela permet à l'équipe de développement de se concentrer sur la compréhension de la taille relative et de la complexité des tâches les unes par rapport aux autres. Par exemple, une tâche nécessitant une refactorisation importante du code existant peut se voir attribuer un nombre plus élevé de points d'histoire par rapport à une correction de bug plus simple. Les story points encouragent les discussions au sein de l'équipe pour parvenir à un consensus sur l'effort requis et favorisent un processus d'estimation plus précis au fil du temps.

La répartition des tâches implique la décomposition des user stories ou des éléments du backlog en tâches plus petites et réalisables qui peuvent être réalisées en quelques jours. Cette répartition aide l'équipe de développement à comprendre les étapes spécifiques nécessaires pour fournir la fonctionnalité prévue et réduit le risque de dépendances ou de complexités négligées. Par exemple, décomposer une user story pour développer une fonctionnalité de recherche dans une plate-forme de commerce électronique peut inclure des tâches telles que la conception de l'interface de recherche, la mise en œuvre d'algorithmes de recherche, l'intégration à la base de données et la réalisation de tests d'utilisabilité.

La collaboration est essentielle lors de l'estimation et de la répartition des tâches. L'ensemble de l'équipe de développement, y compris les développeurs, les testeurs et tout autre rôle pertinent, participe aux discussions pour garantir une compréhension globale du travail impliqué. Cet effort collectif favorise l'appropriation partagée des tâches et renforce la cohésion des équipes. Par exemple, lors des sessions de planification de sprint, les membres de l'équipe peuvent engager des discussions pour clarifier les exigences, identifier les risques potentiels et convenir de la manière de décomposer les user stories en tâches gérables. Cette approche collaborative favorise un sentiment de responsabilité et d'alignement vers la réalisation des objectifs du Sprint.

L'estimation et la répartition des tâches facilitent également une planification efficace du sprint et une allocation des ressources. En estimant l'effort requis pour chaque tâche et en décomposant le travail en unités gérables, l'équipe de développement peut planifier le backlog de sprint avec plus de précision. Cela aide à identifier les goulots d'étranglement potentiels ou les contraintes de ressources dès le début du processus de planification du sprint. Par exemple, si une tâche qui nécessite un effort substantiel dépasse les ressources disponibles, l'équipe peut réévaluer les priorités ou rechercher un soutien supplémentaire pour garantir son achèvement dans les délais.

De plus, la nature itérative de Scrum permet d'affiner et d'ajuster les estimations et la répartition des tâches tout au long du Sprint. Au fur et à mesure que l'équipe acquiert davantage de connaissances et progresse dans les tâches, elle peut découvrir de nouvelles informations ou dépendances qui nécessitent de revoir les estimations initiales ou d'ajuster la répartition des tâches. Cette flexibilité permet à l'équipe de s'adapter aux circonstances changeantes et d'optimiser son approche pour maximiser la productivité et créer de la valeur. Par exemple, lors des Daily Scrums, les membres de l'équipe peuvent discuter de l'avancement des tâches, soulever des défis ou des découvertes et décider collectivement des ajustements pour s'assurer qu'ils restent sur la bonne voie pour atteindre l'objectif de sprint.

Chapitre 5 : Réunions Scrum quotidiennes

a. Faciliter des stand-ups efficaces

Faciliter des stand-ups efficaces, ou Daily Scrums, est crucial dans le cadre Scrum car il favorise la communication, la collaboration et l'alignement entre les membres de l'équipe de développement. Ces réunions quotidiennes durent 15 minutes ou moins et servent à synchroniser les activités, à identifier les obstacles potentiels et à planifier le travail de la journée. Le Scrum Master joue un rôle clé en garantissant que les stand-ups sont menés de manière efficace et efficiente, en maintenant la concentration sur les buts et objectifs de l'équipe. Par exemple, dans un projet de développement logiciel, un stand-up peut impliquer les membres de l'équipe discutant de l'avancement des tâches, soulignant les obstacles rencontrés et coordonnant les efforts pour résoudre les problèmes.

Un aspect essentiel pour faciliter des stand-ups efficaces est de maintenir la concentration de la réunion sur les trois questions fondamentales prescrites par Scrum : Qu'ai-je accompli hier qui contribue à l'objectif du sprint ? Que vais-je faire aujourd'hui pour aider à atteindre l'objectif de sprint ? Y a-t-il des obstacles ou des obstacles qui m'empêchent, moi ou l'équipe, d'atteindre l'objectif de sprint ? Ces questions guident la discussion et encouragent les membres de l'équipe à fournir des mises à jour concises sur leurs progrès et les défis auxquels ils sont confrontés. Par exemple, lors d'un stand-up, un développeur peut signaler avoir terminé une tâche d'intégration de fonctionnalités hier, prévoir de travailler sur des tests unitaires aujourd'hui et mentionner une dépendance vis-à-vis d'un autre membre de l'équipe qui n'est actuellement pas disponible.

Une autre responsabilité essentielle du Scrum Master dans l'animation des stand-ups est de veiller à ce que la réunion reste limitée dans le temps et ciblée. En gardant les discussions brèves et pertinentes, le Scrum Master contribue à maintenir la productivité de l'équipe et le respect du temps de chaque membre. Cela implique de ramener doucement les conversations aux questions centrales si les discussions dévient ou deviennent trop détaillées. Par exemple, si un membre de l'équipe commence à discuter des détails techniques de la mise en œuvre lors d'un stand-up, le Scrum Master peut suggérer de reporter ces discussions à une session distincte pour que le stand-up reste concentré sur les progrès et les obstacles.

Des stand-ups efficaces encouragent également la participation active et l'engagement de tous les membres de l'équipe. Le Scrum Master crée un environnement dans lequel chacun se sent à l'aise pour partager des mises à jour et faire part de ses préoccupations. Cette inclusivité favorise la transparence et garantit que chacun est conscient des progrès de l'équipe et des risques ou défis potentiels. Par exemple, dans une équipe interfonctionnelle travaillant sur une campagne marketing, les stand-ups peuvent impliquer des spécialistes du marketing discutant de l'analyse de la campagne, des concepteurs partageant les progrès réalisés sur les ressources visuelles et des développeurs faisant le point sur les tâches d'intégration du site Web, favorisant ainsi une vision globale de l'état du projet et de son alignement sur Objectifs de sprint.

De plus, faciliter des stand-ups efficaces implique d'identifier et de surmonter rapidement les obstacles. Le Scrum Master agit en tant que leader-serviteur, supprimant les obstacles qui entravent la progression de l'équipe et se coordonnant avec les parties prenantes ou d'autres équipes pour résoudre les dépendances. Cette approche proactive garantit que les obstacles sont résolus en temps opportun, minimisant les perturbations du flux de travail de l'équipe et leur permettant de rester concentrées sur la réalisation des objectifs du Sprint. Par exemple, si un membre de l'équipe signale un problème technique lors d'un stand-up, le Scrum Master peut immédiatement assurer un suivi avec les ressources nécessaires ou faire remonter le problème pour garantir une résolution rapide.

De plus, des stand-ups efficaces servent de plate-forme pour favoriser la collaboration et le partage des connaissances au sein de l'équipe. Les membres de l'équipe peuvent utiliser des stand-ups pour offrir de l'aide, fournir des mises à jour sur les tâches partagées ou demander des commentaires à leurs collègues. Cet esprit de collaboration encourage un sentiment d'appropriation collective et de soutien mutuel, améliorant ainsi la cohésion de l'équipe et la productivité globale. Par exemple, lors d'un stand-up, un testeur peut demander des éclaircissements aux développeurs sur les exigences spécifiques de la user story, tandis qu'un concepteur peut offrir des informations sur les considérations de conception d'interface, favorisant ainsi la collaboration interfonctionnelle et la compréhension partagée.

En conclusion, faciliter des stand-ups efficaces dans Scrum nécessite une orchestration habile de la part du Scrum Master pour garantir qu'ils sont concentrés, productifs et soutiennent la collaboration en équipe. En adhérant aux questions fondamentales, en maintenant le time-boxing, en encourageant la participation active, en éliminant rapidement les obstacles et en promouvant la collaboration, les stand-ups deviennent un outil précieux pour la synchronisation quotidienne et la résolution de problèmes au sein des équipes de développement. Cette approche structurée améliore non seulement la communication et la transparence, mais permet également aux équipes de s'adapter rapidement aux changements et de travailler de manière cohérente pour atteindre les objectifs du Sprint et fournir des incréments de travail précieux.

b. Pièges courants et solutions

Identifier et résoudre les pièges courants de Scrum est essentiel pour garantir l'efficacité du cadre à faciliter le développement itératif et collaboratif. Un piège courant est l'engagement et la communication inadéquats des parties prenantes. Lorsque les parties prenantes ne sont pas activement impliquées dans le processus Scrum, des malentendus peuvent survenir concernant les priorités, les attentes et les résultats du projet. Ce manque d'engagement peut entraîner des retards, une dérive du périmètre et une insatisfaction à l'égard des incréments livrés. Par exemple, dans un projet de développement logiciel, si les parties prenantes ne participent pas aux revues de sprint ou ne fournissent pas de commentaires en temps opportun sur les livrables, l'équipe de développement peut avoir du mal à aligner son travail sur les objectifs commerciaux. Une solution à cet écueil consiste à établir des canaux de communication clairs, à organiser régulièrement des réunions avec les parties prenantes et à rechercher activement des commentaires pour garantir un alignement et une transparence continus.

Un autre écueil est la planification et l'engagement irréalistes du Sprint. Cela se produit lorsque l'équipe de développement s'engage trop à fournir trop de travail au cours d'un sprint, ce qui entraîne du stress, un développement précipité et une qualité compromise. À l'inverse, un sous-engagement peut entraîner une sous-utilisation des capacités de l'équipe et des opportunités manquées d'apporter une valeur supplémentaire. Par exemple, si une équipe ne parvient pas systématiquement à accomplir les tâches planifiées pendant les sprints, cela peut indiquer la nécessité de revoir les techniques d'estimation, d'améliorer la répartition des tâches ou de réévaluer la capacité de l'équipe. Les solutions incluent l'affinement des pratiques d'estimation, la conduite de séances approfondies de planification de sprint et la promotion d'une culture d'évaluation honnête et d'amélioration continue pour optimiser les engagements et les résultats de l'équipe.

Une collaboration et un travail d'équipe insuffisants entre les membres de l'équipe de développement peuvent également nuire à l'efficacité de Scrum. Lorsque les membres de l'équipe travaillent en silos ou ne parviennent pas à communiquer efficacement, cela peut entraîner une duplication des efforts, un mauvais alignement des objectifs et une réduction de la productivité globale. Par exemple, si les développeurs et les testeurs ne collaborent pas étroitement lors de l'exécution du Sprint, des problèmes peuvent survenir lors des phases d'intégration ou de test, retardant ainsi les délais de livraison. Les solutions impliquent de promouvoir la collaboration interfonctionnelle, d'encourager le partage des connaissances et de favoriser une culture d'équipe solidaire où les membres cherchent activement à se comprendre et à s'entraider.

Un soutien et une facilitation inadéquats du Scrum Master peuvent être un autre écueil. Le Scrum Master joue un rôle crucial en coachant l'équipe, en facilitant les cérémonies et en supprimant les obstacles. Lorsqu'un Scrum Master manque d'expérience, d'autorité ou de disponibilité, cela peut entraver la capacité de l'équipe à mettre en œuvre efficacement les pratiques Scrum et à résoudre les problèmes. Par exemple, si le Scrum Master ne parvient pas à résoudre les obstacles récurrents ou ne défend pas les besoins de l'équipe, cela peut avoir un impact sur le moral et entraver les progrès. Les solutions incluent la fourniture d'une formation et d'un soutien adéquats aux Scrum Masters, leur permettant de défendre les intérêts de l'équipe et la garantie qu'ils disposent du temps et des ressources nécessaires pour remplir leur rôle efficacement.

De plus, la résistance au changement au sein de l'organisation peut constituer un défi important pour l'adoption et le succès de Scrum. Lorsque les équipes ou les parties prenantes hésitent à adopter les principes Agile, cela peut entraver les progrès, limiter l'expérimentation et perpétuer les pratiques traditionnelles de gestion de projet qui peuvent ne pas correspondre aux valeurs Agile. Par exemple, si les dirigeants s'opposent à la décentralisation du processus décisionnel ou à l'adoption d'approches de développement itératives, cela peut étouffer l'innovation et la réactivité aux changements du marché. Les solutions impliquent de favoriser une culture d'ouverture au changement, de proposer une éducation et une formation sur les principes Agile et de démontrer les avantages de l'Agile à travers des projets pilotes ou des études de cas réussis.

Enfin, une mauvaise compréhension ou une mauvaise interprétation des rôles, des cérémonies et des artefacts Scrum peuvent conduire à une mise en œuvre inefficace et à une réduction des avantages du cadre. Lorsque les membres de l'équipe ou les parties prenantes manquent de clarté sur leurs responsabilités, sur le but des cérémonies telles que les revues de sprint ou le raffinement du backlog, ou sur la valeur des artefacts tels que le backlog produit, cela peut entraîner de la confusion, de l'inefficacité et des opportunités d'amélioration manquées. Par exemple, si les revues de sprint sont considérées uniquement comme des réunions de statut plutôt que comme des opportunités de retour d'information et de collaboration, les parties prenantes risquent de ne pas participer activement ou de fournir une contribution significative. Les solutions impliquent d'organiser des sessions de formation régulières, de clarifier les rôles et les responsabilités et de favoriser une compréhension partagée des principes et des pratiques Scrum au sein de l'organisation.

Chapitre 6 : Le sprint

a. Exécuter le sprint

L'exécution du Sprint dans le cadre Scrum est un processus structuré qui implique la mise en œuvre de tâches définies dans le Sprint Backlog pour atteindre l'objectif du Sprint. Cette phase se caractérise par un travail ciblé, une coordination quotidienne et une collaboration continue entre les membres de l'équipe de développement. Chaque sprint dure généralement entre une et quatre semaines, pendant lesquelles l'équipe s'efforce de fournir un incrément de produit potentiellement libérable. Par exemple, dans un projet de développement Web, l'exécution du Sprint peut impliquer des développeurs front-end travaillant sur des améliorations de l'interface utilisateur, des développeurs back-end implémentant de nouvelles fonctionnalités et des testeurs effectuant des tests d'intégration pour garantir que tous les composants fonctionnent ensemble de manière transparente.

La coordination et la synchronisation quotidiennes sont facilitées grâce au Daily Scrum, une courte réunion limitée dans le temps où les membres de l'équipe discutent de leurs progrès, des plans pour la journée et des éventuels obstacles rencontrés. Le Daily Scrum garantit que chacun est aligné sur les objectifs de l'équipe et permet d'ajuster en temps opportun les tâches ou les priorités selon les besoins. Par exemple, si un développeur rencontre un problème technique qui affecte sa progression, il peut le soulever lors du Daily Scrum pour résolution ou soutien d'autres membres de l'équipe.

Pendant l'exécution du Sprint, l'équipe de développement travaille de manière itérative pour accomplir les tâches du Sprint Backlog. Les tâches sont souvent organisées sur un tableau Kanban ou un outil de gestion visuelle similaire, où les membres de l'équipe peuvent suivre les progrès, visualiser les dépendances et identifier les goulots d'étranglement. Cette représentation visuelle aide à gérer efficacement le flux de travail et garantit que le travail est transparent pour tous les membres de l'équipe et les parties prenantes. Par exemple, les tâches peuvent se déplacer dans les colonnes intitulées « À faire », « En cours » et « Terminé », fournissant une mise à jour claire de l'état d'avancement de chaque élément.

L'intégration et les tests continus font partie intégrante de l'exécution de Sprint pour garantir que chaque incrément répond aux normes de qualité et est prêt pour une publication potentielle. Les membres de l'équipe de développement collaborent étroitement pour intégrer fréquemment leur travail et effectuer des tests automatisés ou manuels pour identifier les défauts dès le début du sprint. Cette approche de test itérative permet de détecter et de résoudre rapidement les problèmes, réduisant ainsi le risque de fournir des fonctionnalités incomplètes ou défectueuses. Par exemple, dans un projet de développement d'application mobile, les testeurs peuvent effectuer des tests de régression après chaque tâche terminée pour vérifier que les fonctionnalités existantes ne sont pas affectées par les nouvelles modifications.

Tout au long de l'exécution du Sprint, le Scrum Master joue un rôle de soutien en facilitant la progression de l'équipe et en supprimant les obstacles qui entravent la productivité. Cela peut impliquer de résoudre des conflits, de plaider pour les ressources nécessaires ou de protéger l'équipe des distractions externes pour rester concentrée sur les objectifs du sprint. Par exemple, si un membre de l'équipe est confronté à des interruptions répétées dues à des tâches non liées, le Scrum Master peut intervenir pour résoudre le problème et protéger le temps et la concentration de l'équipe.

De plus, l'exécution du Sprint encourage une planification adaptative et une amélioration continue basée sur les commentaires et les informations acquises au cours du Sprint. L'équipe de développement examine régulièrement ses progrès par rapport à l'objectif de sprint et ajuste son approche si nécessaire pour optimiser les résultats. Cette approche adaptative permet aux équipes de répondre aux exigences changeantes, aux conditions du marché ou aux commentaires des parties prenantes, garantissant ainsi que l'incrément fourni ajoute une valeur maximale. Par exemple, si les tests utilisateur révèlent des problèmes d'utilisabilité inattendus, l'équipe peut redéfinir la priorité des tâches dans le Sprint Backlog pour résoudre ces problèmes rapidement et améliorer la satisfaction des utilisateurs.

b. Suivi des progrès

Suivre les progrès dans le contexte de Scrum implique de suivre et d'évaluer les progrès de l'équipe vers la réalisation des objectifs du Sprint et la livraison d'un incrément de produit précieux. Il s'agit d'un processus continu et itératif qui offre une visibilité sur l'état des tâches, identifie les risques ou retards potentiels et permet une prise de décision éclairée tout au long du cycle de Sprint. Divers outils et techniques sont utilisés pour suivre efficacement les progrès, garantissant l'alignement avec les délais du projet et les attentes des parties prenantes. Par exemple, dans un projet de développement logiciel, le suivi des progrès peut impliquer l'utilisation de graphiques d'avancement, de tableaux de tâches et de mises à jour quotidiennes de l'état pendant les Daily Scrums pour suivre l'achèvement des tâches et identifier tout écart par rapport au plan de sprint.

Un outil couramment utilisé pour suivre les progrès dans Scrum est le graphique d'avancement. Ce graphique représente visuellement le travail restant dans le Sprint Backlog au fil du temps, illustrant si l'équipe est sur la bonne voie pour terminer toutes les tâches planifiées d'ici la fin du Sprint. Il trace la quantité de travail restant (généralement en points d'histoire ou en tâches) par rapport à la chronologie du Sprint. Par exemple, si le graphique d'avancement de l'équipe montre une diminution constante du travail restant tout au long du sprint, cela indique une progression vers la réalisation de l'objectif du sprint. Cependant, si le graphique d'avancement montre une stagnation ou une tendance à la hausse, il peut signaler des retards ou des obstacles potentiels qui nécessitent une attention et une atténuation.

Les tableaux de tâches, souvent mis en œuvre à l'aide de tableaux Kanban physiques ou numériques, constituent une autre méthode efficace pour suivre les progrès. Les tableaux de tâches visualisent le flux de travail des tâches, du début à la fin, généralement divisés en colonnes telles que « À faire », « En cours » et « Terminé ». Les membres de l'équipe mettent régulièrement à jour les statuts des tâches, permettant à chacun de voir sur quelles tâches sont en cours, lesquelles sont terminées et lesquelles sont en attente. Cette représentation visuelle aide à identifier les goulots d'étranglement, à ajuster les priorités et à assurer un flux de travail fluide tout au long du Sprint. Par exemple, si les tâches s'accumulent dans la colonne « En cours » sans passer à « Terminé », cela peut indiquer la nécessité de réaffecter des ressources ou de résoudre des dépendances pour maintenir la progression.

Les Daily Scrums jouent un rôle crucial dans le suivi des progrès en fournissant une plate-forme permettant aux membres de l'équipe de partager des mises à jour, de discuter des défis et de s'aligner sur les priorités quotidiennes. Ces réunions courtes et ciblées garantissent que chacun est au courant de l'état d'avancement des tâches, des obstacles potentiels et des ajustements nécessaires pour rester sur la bonne voie. Par exemple, si un membre de l'équipe signale lors d'un Daily Scrum qu'il est confronté à des difficultés techniques ayant un impact sur l'achèvement des tâches, l'équipe peut collaborer pour trouver des solutions ou redéfinir la priorité des tâches en conséquence. Cette communication en temps réel favorise la transparence et la responsabilité collective, permettant à l'équipe de résoudre les problèmes rapidement et de maintenir l'élan.

En plus des mesures quantitatives telles que les diagrammes d'avancement et les taux d'achèvement des tâches, les évaluations qualitatives des progrès sont également précieuses dans Scrum. Ceux-ci incluent l'évaluation de la qualité du travail effectué, les commentaires des parties prenantes sur les incréments livrés et l'adhésion de l'équipe aux principes Agile tels que l'amélioration continue et l'adaptabilité. Par exemple, si les parties prenantes fournissent des commentaires positifs sur une fonctionnalité nouvellement implémentée lors d'une revue de sprint, cela indique des progrès dans la satisfaction des attentes des utilisateurs et des exigences de l'entreprise. De même, si l'équipe identifie des domaines à améliorer lors des rétrospectives de sprint, elle démontre son engagement à améliorer les processus et les résultats dans les futurs sprints.

De plus, suivre les progrès dans Scrum implique d'évaluer la vélocité de l'équipe au fil du temps. La vélocité fait référence à la quantité de travail (mesurée en points d'histoire ou en tâches) que l'équipe effectue systématiquement au cours de chaque sprint. En suivant la vitesse sur plusieurs Sprints, les équipes peuvent établir une cadence de livraison prévisible et faire des prévisions éclairées pour les futurs Sprints ou les calendriers des projets. Par exemple, si une équipe atteint systématiquement une vitesse de 30 story points par sprint, elle peut estimer le nombre de sprints nécessaires pour terminer un backlog de 300 story points. Cette capacité prédictive prend en charge une planification efficace des sprints et une allocation des ressources, garantissant que les équipes génèrent de la valeur de manière cohérente et répondent aux attentes des parties prenantes.

Enfin, un suivi efficace des progrès dans Scrum nécessite une communication et une collaboration régulières entre toutes les parties prenantes, y compris l'équipe de développement, le Product Owner, le Scrum Master et les parties prenantes externes. En favorisant une culture de transparence, de responsabilité et d'amélioration continue, les équipes peuvent atténuer les risques, saisir les opportunités d'optimisation et rester concentrées sur la fourniture d'incréments de haute qualité qui correspondent aux objectifs commerciaux. Cette approche collaborative améliore non seulement la visibilité du projet et la satisfaction des parties prenantes, mais permet également aux équipes de s'adapter aux exigences changeantes et à la dynamique du marché, favorisant ainsi le développement de produits et l'agilité organisationnelle.

c. S'adapter au changement

L'adaptation au changement est un principe fondamental dans le cadre Scrum, mettant l'accent sur la capacité des équipes de développement à répondre de manière flexible et proactive à l'évolution des exigences, des commentaires et des conditions du marché. Dans Scrum, le changement est considéré comme une partie naturelle et attendue du processus de développement, reconnaissant que la livraison précoce et continue d'incréments précieux permet des ajustements opportuns basés sur de nouvelles connaissances et priorités. Par exemple, dans un projet de développement logiciel, l'adaptation au changement peut impliquer de réviser les user stories en fonction des commentaires des utilisateurs recueillis lors des Sprint Reviews ou d'ajuster les priorités en réponse aux tendances émergentes du marché.

Un aspect clé de l'adaptation au changement dans Scrum est la nature itérative et incrémentielle du développement. En apportant de petites améliorations progressives au cours de chaque sprint, les équipes peuvent recueillir des commentaires tôt et souvent, ce qui leur permet de valider les hypothèses, d'identifier les risques potentiels et de prendre des décisions éclairées pour les sprints suivants. Cette approche itérative atténue le risque de fournir un produit final qui ne répond pas aux attentes des parties prenantes ou aux besoins du marché. Par exemple, une équipe de développement d'applications mobiles peut publier un produit minimal viable (MVP) au début du processus de développement pour recueillir les commentaires des utilisateurs et itérer sur des fonctionnalités basées sur des modèles d'utilisation réels.

Le Product Owner joue un rôle crucial dans l'adaptation au changement en gérant le Product Backlog et en affinant continuellement les priorités en fonction des commentaires des parties prenantes, de la dynamique du marché et des objectifs commerciaux. Le Product Backlog est dynamique, permettant d'ajouter, de supprimer ou de redéfinir la priorité des éléments à mesure que de nouvelles informations deviennent disponibles. Cette flexibilité permet à l'équipe de développement de se concentrer sur la fourniture de la valeur commerciale la plus élevée à chaque sprint, en répondant efficacement aux changements dans les préférences des clients ou dans le paysage concurrentiel. Par exemple, si un concurrent lance une fonctionnalité qui gagne du terrain sur le marché, le Product Owner peut redéfinir la priorité des éléments du backlog pour accélérer le développement d'une fonctionnalité similaire afin de conserver un avantage concurrentiel.

De plus, les cérémonies Scrum telles que les revues de sprint et les rétrospectives de sprint offrent aux équipes l'occasion de réfléchir à leurs progrès, de recueillir des commentaires et d'adapter leur approche en conséquence. Lors des revues de sprint, les parties prenantes examinent l'incrément et fournissent des commentaires sur les changements ou améliorations potentiels en fonction de leurs besoins et attentes. Ces commentaires éclairent le processus d'affinement du Product Backlog et guident les priorités de l'équipe pour les futurs Sprints. Par exemple, les parties prenantes peuvent suggérer des fonctionnalités supplémentaires ou des modifications aux fonctionnalités existantes en fonction des résultats des tests d'utilisabilité ou des tendances émergentes du marché, incitant l'équipe à ajuster son carnet de commandes en conséquence.

Un autre aspect de l'adaptation au changement implique l'adoption des principes Agile, tels que la réponse au changement en suivant un plan, comme indiqué dans le Manifeste Agile. Ce principe encourage les équipes à donner la priorité à la collaboration avec les clients, à la réactivité au changement et à la fourniture fréquente de logiciels fonctionnels. En favorisant une culture d'adaptabilité et d'amélioration continue, les équipes peuvent gérer efficacement les incertitudes et saisir les opportunités d'innovation. Par exemple, si une nouvelle technologie émerge et promet d'améliorer les performances du produit ou l'expérience utilisateur, l'équipe de développement peut modifier son approche pour intégrer cette technologie dans son processus de développement, améliorant ainsi la compétitivité du produit et la satisfaction du client.

De plus, une communication et une collaboration efficaces entre les membres de l'équipe, les parties prenantes et le Scrum Master sont essentielles pour réussir à s'adapter au changement dans Scrum. Les canaux de communication ouverts facilitent l'échange d'idées, de commentaires et de préoccupations, permettant à l'équipe de prendre des décisions éclairées et des ajustements en temps réel. Le Scrum Master joue un rôle central en facilitant ces interactions, en éliminant les obstacles et en défendant les besoins de l'équipe afin de garantir qu'elle dispose du soutien et des ressources nécessaires pour s'adapter aux circonstances changeantes. Par exemple, si des défis techniques inattendus surviennent lors de l'exécution du Sprint, le Scrum Master peut faciliter les discussions pour explorer des solutions alternatives ou réaffecter des ressources afin de minimiser l'impact sur les délais du projet.

Chapitre 7 : Revue de sprint

a. Démontrer des progrès progressifs

Démontrer des progrès incrémentiels est une pratique fondamentale dans le cadre Scrum, mettant l'accent sur la livraison continue de logiciels fonctionnels ou d'incréments de produits tout au long du processus de développement. Cette approche contraste avec les méthodes traditionnelles en cascade où les parties prenantes ne peuvent voir le produit final qu'après de longues phases de développement. Dans Scrum, chaque sprint aboutit à un incrément de produit potentiellement livrable, permettant aux parties prenantes d'observer des progrès tangibles et de fournir des commentaires dès le début du cycle de développement. Par exemple, dans un projet de développement Web, démontrer des progrès incrémentiels peut impliquer la présentation de nouvelles fonctionnalités ou améliorations lors des revues de sprint, permettant aux parties prenantes d'évaluer les fonctionnalités et de suggérer des ajustements avant la mise en œuvre finale.

Le concept de progrès progressif s'aligne sur les principes Agile consistant à répondre au changement et à fournir de la valeur tôt et fréquemment. En apportant de petites améliorations progressives à chaque sprint, les équipes peuvent valider les hypothèses, atténuer les risques et recueillir les commentaires des parties prenantes pour garantir l'alignement avec les objectifs commerciaux. Cette approche itérative minimise la probabilité de développer des fonctionnalités qui ne répondent pas aux attentes des utilisateurs ou aux besoins du marché, favorisant ainsi un processus de développement plus réactif et adaptable. Par exemple, une plate-forme de commerce électronique peut publier des mises à jour incrémentielles de son processus de paiement, permettant aux utilisateurs de fournir des commentaires sur la convivialité et les fonctionnalités avant le déploiement complet.

Démontrer des progrès progressifs soutient également la transparence et la responsabilité au sein de l'équipe de développement et auprès des parties prenantes. Chaque sprint se termine par une revue de sprint au cours de laquelle l'équipe présente l'incrément terminé aux parties prenantes, présentant ce qui a été accompli et sollicitant des commentaires pour un affinement ultérieur. Cette transparence favorise la confiance et la collaboration, car les parties prenantes ont une visibilité sur les progrès de l'équipe et peuvent participer activement à l'évolution du produit. Par exemple, les parties prenantes peuvent examiner l'interface utilisateur d'une nouvelle fonctionnalité lors d'une revue de sprint et suggérer des modifications en fonction des résultats des tests d'utilisabilité ou des informations d'études de marché.

De plus, démontrer des progrès progressifs encourage un état d'esprit d'amélioration et d'adaptation continues. En fournissant de petits incréments gérables, les équipes peuvent rapidement ajuster les priorités, répondre aux exigences émergentes et intégrer les commentaires dans les sprints ultérieurs. Cette boucle de rétroaction itérative favorise l'apprentissage et l'innovation, permettant aux équipes d'affiner les fonctionnalités du produit de manière itérative en fonction de l'utilisation réelle et des commentaires des parties prenantes. Par exemple, une équipe de développement d'applications mobiles peut publier des mises à jour incrémentielles pour corriger les bogues signalés par les utilisateurs et introduire de nouvelles fonctionnalités en réponse à la demande du marché, garantissant ainsi que le produit reste compétitif et pertinent.

Le processus de démonstration des progrès progressifs facilite également la gestion des risques en permettant une identification précoce et une atténuation des problèmes potentiels. En fournissant des incréments fonctionnels à intervalles réguliers, les équipes peuvent détecter les défis techniques, les problèmes d'utilisabilité ou les changements de portée dès le début du processus de développement. Cette approche proactive permet d'ajuster en temps opportun la portée du projet, l'allocation des ressources ou les priorités de développement, minimisant ainsi l'impact des risques sur les délais et les objectifs globaux du projet. Par exemple, si les tests utilisateurs révèlent des problèmes d'utilisation imprévus dans une nouvelle fonctionnalité, l'équipe de développement peut donner la priorité à la résolution de ces problèmes lors des sprints suivants afin d'améliorer la satisfaction des utilisateurs et la convivialité du produit.

De plus, la démonstration de progrès progressifs favorise l'engagement et la satisfaction efficaces des parties prenantes. Les parties prenantes ont la possibilité d'observer des progrès tangibles et de fournir des commentaires tout au long du cycle de développement, garantissant ainsi que le produit final répond à leurs attentes et exigences commerciales. Cette approche collaborative renforce les relations avec les parties prenantes et favorise une compréhension commune des objectifs et des priorités du projet. Par exemple, les parties prenantes peuvent examiner et approuver les versions incrémentielles sur la base de critères d'acceptation prédéfinis lors des revues de sprint, facilitant ainsi l'alignement entre les efforts de développement et les objectifs organisationnels.

b. Recueillir les commentaires des parties prenantes

La collecte des commentaires des parties prenantes est un aspect essentiel du cadre Scrum, facilitant une collaboration continue entre les équipes de développement et les parties prenantes tout au long du cycle de vie du projet. Les parties prenantes comprennent des individus ou des groupes directement intéressés par les résultats du projet, tels que les utilisateurs finaux, les propriétaires de produits, les sponsors et les parties prenantes commerciales. Dans Scrum, la sollicitation et l'intégration des commentaires des parties prenantes font partie intégrante de la garantie que le produit répond aux besoins des utilisateurs, s'aligne sur les objectifs de l'entreprise et reste réactif aux exigences changeantes. Par exemple, dans un projet de développement logiciel, les parties prenantes peuvent inclure les utilisateurs finaux qui fournissent des informations sur la convivialité, les propriétaires de produits qui priorisent les fonctionnalités et les parties prenantes commerciales qui définissent les objectifs stratégiques.

Une méthode pour recueillir les commentaires des parties prenantes dans Scrum consiste à effectuer des revues de sprint, qui sont menées à la fin de chaque sprint pour démontrer l'incrément et recueillir les commentaires des parties prenantes. Lors des revues de sprint, l'équipe de développement présente le travail terminé, en mettant en évidence les nouvelles fonctionnalités ou améliorations avec lesquelles les parties prenantes peuvent interagir directement. Cette session interactive encourage les parties prenantes à fournir des commentaires immédiats sur la fonctionnalité, la convivialité et l'alignement avec les objectifs commerciaux. Par exemple, les parties prenantes peuvent identifier les domaines à améliorer dans la conception de l'interface utilisateur ou suggérer des fonctionnalités supplémentaires en fonction des tendances émergentes du marché ou des préférences des clients.

Une autre approche pour recueillir les commentaires des parties prenantes consiste à utiliser des canaux de collaboration et de communication réguliers établis dans le cadre Scrum. Les Scrums quotidiens offrent aux parties prenantes la possibilité de participer aux discussions sur l'avancement du projet, les tâches à venir et les obstacles potentiels. Cette interaction quotidienne garantit que les parties prenantes sont informées des activités de l'équipe et peuvent faire part de leurs préoccupations ou apporter leur contribution en temps réel. Par exemple, une partie prenante peut assister à un Daily Scrum pour discuter des priorités des fonctionnalités à venir ou clarifier les exigences d'une user story, facilitant ainsi l'alignement entre les efforts de développement et les attentes des parties prenantes.

En plus des cérémonies Scrum formelles, les interactions informelles telles que les réunions individuelles, les ateliers ou les séances de tests d'utilisabilité peuvent être efficaces pour recueillir des commentaires détaillés et spécifiques des parties prenantes. Ces sessions permettent une exploration plus approfondie des besoins, des préférences et des problèmes des utilisateurs, permettant à l'équipe de développement d'obtenir des informations précieuses qui éclairent les décisions et les améliorations du produit. Par exemple, la réalisation de tests d'utilisabilité avec des utilisateurs finaux représentatifs peut révéler des problèmes de navigation ou des défis d'utilisabilité qui peuvent ne pas être apparents du seul point de vue d'un développeur, ce qui incite à des ajustements dans la conception de l'interface utilisateur ou dans la mise en œuvre de fonctionnalités.

Les commentaires des parties prenantes dans Scrum ne se limitent pas à la fin de chaque sprint mais constituent un processus continu qui se produit tout au long du cycle de vie du projet. Les sessions de raffinement du backlog produit offrent aux parties prenantes la possibilité de hiérarchiser les fonctionnalités, de clarifier les exigences et de fournir des commentaires sur les éléments du backlog. En impliquant les parties prenantes dans les activités de préparation du backlog, les Product Owners peuvent garantir que le backlog reflète les priorités commerciales actuelles et les besoins des utilisateurs, guidant ainsi l'attention de l'équipe dans les sprints ultérieurs. Par exemple, les parties prenantes peuvent participer à des sessions d'affinement du backlog pour examiner les témoignages d'utilisateurs, estimer les efforts et valider les critères d'acceptation, garantissant ainsi que les efforts de développement s'alignent sur les objectifs stratégiques.

De plus, une collecte efficace des commentaires des parties prenantes dans Scrum nécessite une communication proactive, une écoute active et une réactivité aux préoccupations des parties prenantes. Les équipes de développement et les Product Owners doivent créer un environnement dans lequel les parties prenantes se sentent à l'aise pour partager leurs commentaires, sachant que leur contribution sera valorisée et prise en compte dans les processus décisionnels. Cette approche collaborative favorise la confiance et l'engagement, permettant aux parties prenantes de contribuer de manière significative au succès du projet. Par exemple, l'établissement de boucles de rétroaction régulières avec les parties prenantes via des enquêtes, des groupes de discussion ou des formulaires de commentaires peut fournir des canaux structurés pour recueillir des informations sur la satisfaction du produit, la convivialité et la priorisation des fonctionnalités.

c. Mise à jour du backlog produit

La mise à jour du Product Backlog est une activité cruciale dans le cadre Scrum, essentielle pour maintenir l'alignement entre les efforts de développement et l'évolution des priorités commerciales. Le Product Backlog sert de référentiel dynamique de toutes les fonctionnalités, améliorations et correctifs qui peuvent être nécessaires pour livrer un produit de manière incrémentielle. Il est géré et hiérarchisé par le Product Owner, qui collabore étroitement avec les parties prenantes pour garantir que les éléments du backlog reflètent les besoins actuels du marché, les commentaires des utilisateurs et les objectifs stratégiques. Par exemple, dans un projet de développement logiciel, la mise à jour du Product Backlog peut impliquer l'ajout de nouvelles user stories basées sur les demandes des clients, la redéfinition des priorités pour répondre aux conditions changeantes du marché ou la suppression d'éléments obsolètes qui ne correspondent plus aux objectifs du projet.

Le processus de mise à jour du Product Backlog commence par un raffinement continu, également connu sous le nom de sessions de préparation ou de raffinement du backlog, au cours desquelles le Product Owner et l'équipe de développement examinent et hiérarchisent les éléments du backlog. Ces sessions ont généralement lieu régulièrement tout au long du cycle de Sprint pour garantir que le backlog reste pertinent et exploitable. Lors du raffinement, les éléments du backlog sont clarifiés, estimés et ajustés en fonction de nouvelles informations ou de l'évolution des priorités commerciales. Par exemple, un Product Owner peut affiner les user stories pour inclure des critères d'acceptation détaillés, mettre à jour les estimations en fonction de la capacité de l'équipe ou diviser les grandes épopées en tâches plus petites et plus gérables pour faciliter la livraison incrémentielle.

Les commentaires des parties prenantes jouent un rôle crucial dans la mise à jour du Product Backlog, fournissant des informations précieuses sur les besoins, les préférences et les demandes du marché des utilisateurs. Les Product Owners sollicitent activement les commentaires des parties prenantes via des revues de sprint, des réunions individuelles, des enquêtes ou des sessions de tests d'utilisabilité pour garantir que les éléments du backlog sont alignés sur les attentes des parties prenantes. Par exemple, les parties prenantes peuvent exprimer leurs préférences pour des fonctionnalités spécifiques lors d'une revue de sprint, incitant le Product Owner à prioriser ces éléments dans le backlog afin de maximiser la valeur commerciale et la satisfaction du client.

De plus, la mise à jour du Product Backlog implique d'équilibrer les besoins à court terme avec les objectifs stratégiques à long terme. Le Product Owner collabore avec les parties prenantes pour hiérarchiser les éléments du backlog en fonction de leur impact potentiel sur le succès du produit, le retour sur investissement (ROI) et l'alignement avec les objectifs organisationnels. Cet alignement stratégique garantit que les efforts de développement se concentrent sur la fourniture de fonctionnalités qui offrent la plus grande valeur à l'entreprise et aux utilisateurs finaux. Par exemple, si une étude de marché indique un changement dans les préférences des clients vers des expériences axées d'abord sur le mobile, le Product Owner peut donner la priorité aux éléments du backlog liés à l'amélioration de la convivialité mobile afin de capitaliser sur les tendances du marché et de maintenir la compétitivité.

En plus de la priorisation, le maintien de la transparence et de l'accessibilité du Product Backlog est essentiel pour favoriser la collaboration et l'alignement au sein de l'équipe de développement et des parties prenantes. Les éléments du backlog produit sont généralement stockés dans un format partagé et accessible, tel qu'un outil numérique ou une feuille de calcul, permettant aux membres de l'équipe d'afficher, de mettre à jour et de discuter des priorités du backlog de manière collaborative. Cette transparence favorise une compréhension commune des objectifs et des priorités du projet, permettant à l'équipe de prendre des décisions éclairées et de s'adapter rapidement aux exigences changeantes. Par exemple, lors des réunions de planification du sprint, l'équipe de développement examine le backlog produit pour sélectionner les éléments du backlog pour le prochain sprint en fonction de leur priorité et de leur effort estimé, garantissant ainsi que les objectifs du sprint sont alignés sur les objectifs globaux du projet.

Enfin, la mise à jour du Product Backlog nécessite de l'agilité et de la réactivité aux changements des conditions du marché, des commentaires des clients et des priorités commerciales. Le Product Owner surveille en permanence les facteurs externes qui peuvent avoir un impact sur les priorités du backlog, tels que les évolutions concurrentielles, les changements réglementaires ou les changements de comportement des consommateurs. En restant adaptable et ouvert aux nouvelles informations, le Product Owner peut ajuster les priorités du backlog de manière dynamique pour optimiser les résultats du développement de produits et maintenir la pertinence sur un marché en évolution rapide. Par exemple, si un concurrent lance une fonctionnalité qui gagne du terrain sur le marché, le Product Owner peut accélérer les fonctionnalités similaires dans le backlog pour capitaliser sur les opportunités émergentes et maintenir la compétitivité du produit.

CONCLUSION

En conclusion, ce livre a exploré en détail les principes fondamentaux, les pratiques et les méthodologies du cadre Scrum, fournissant un guide complet aussi bien pour les novices que pour les praticiens expérimentés. De la compréhension des rôles et des responsabilités au sein d'une équipe Scrum à la maîtrise de l'art de la planification, de l'exécution et de l'adaptation des sprints, chaque chapitre a approfondi les aspects essentiels de la gestion de projet Agile.

Tout au long de ce parcours, nous avons souligné l'importance de la collaboration, de la transparence et de l'amélioration continue pour favoriser la productivité et l'efficacité des équipes. L'accent mis par le cadre Scrum sur le développement itératif, l'engagement des parties prenantes et la création de valeur supplémentaire a été démontré à travers des exemples pratiques et des connaissances académiques, démontrant son applicabilité dans divers secteurs et types de projets.

En outre, le livre a souligné l'importance de la planification adaptative et de la réactivité au changement en tant que principes fondamentaux de la méthodologie Agile. En faisant preuve de flexibilité et en donnant la priorité aux commentaires des clients, les équipes Scrum sont en mesure de fournir des produits de haute qualité qui répondent à l'évolution des demandes du marché et aux attentes des parties prenantes.

Alors que les organisations affrontent les complexités de la gestion de projet moderne, l'adoption des principes Scrum peut ouvrir la voie à une amélioration de la productivité, de l'innovation et des résultats commerciaux. En mettant en œuvre les pratiques décrites dans ce livre, les équipes peuvent rationaliser les flux de travail, atténuer les risques et parvenir à un succès durable en fournissant des solutions précieuses à leurs clients.

En fin de compte, le cadre Scrum fournit non seulement une approche structurée de la gestion de projet, mais cultive également une culture de collaboration, de responsabilité et d'apprentissage continu au sein des équipes. Que vous vous lanciez dans votre premier projet Scrum ou que vous cherchiez à améliorer vos pratiques Agile existantes, ce livre constitue une ressource précieuse pour relever les défis et exploiter les opportunités présentées par les méthodologies Agile.

En adoptant les principes et les pratiques énoncés ici, les praticiens peuvent se lancer dans un voyage de croissance transformationnelle, stimulant l'innovation et offrant une valeur exceptionnelle dans un paysage en constante évolution de gestion de projet et de développement de produits.